IVAN MAURIZZI

INVESTIRE CON I PAC

Come Capitalizzare il Denaro Creando un Rendimento Costante con la Formula dell'Interesse Composto

Titolo

"INVESTIRE CON I PAC"

Autore

Ivan Maurizzi

Editore

Bruno Editore

Sito internet

http://www.brunoeditore.it

Sommario

Introduzione

Un cordiale saluto a tutti voi e benvenuti in questo viaggio nel mondo della finanza applicata al risparmio. Questo corso tratta di una delle forme di risparmio più evolute e più efficaci attualmente disponibili nel panorama finanziario, il PAC. Il termine PAC, è l'acronimo di Piano di Accumulo di Capitale.

Il PAC non è altro che una forma di investimento che permette a chiunque di poter capitalizzare in maniera frazionata in quei mercati ritenuti, dalla maggior parte delle persone, rischiosi, ma che garantiscono al contempo una grande continuità di rendimento, e soprattutto performance di alto livello.

Il principio di funzionamento del PAC è molto semplice: si basa infatti sul versamento periodico di denaro in strumenti finanziari di varia natura, finalizzato alla creazione di un capitale consistente. Il PAC, infatti, può essere utilizzato a vario titolo per: aumentare le proprie disponibilità finanziarie, creare una pensione integrativa, aiutarci nell'acquisto di beni ad alto valore aggiunto quali per l'appunto case, auto e chi più ne ha più ne metta.

Uno dei vantaggi principali del PAC è che ci costringe a risparmiare perché, come vedremo, l'alimentazione dello stesso avviene proprio limitando i consumi mensili. Il grande vantaggio associato al PAC è di essere uno strumento trasversale perché riesce a soddisfare le necessità sia di coloro che non hanno capitali, sia di coloro che invece dispongono già di capitali propri. Questo sistema è la risposta a un gran numero di interrogativi riguardanti come potersi permettere determinate cose della vita.

Il PAC, come vedremo, è un'arma potente in grado di dare grandi soddisfazioni; ma, come ogni arma, bisogna saperla maneggiare perché, se non ne conosciamo appieno le caratteristiche e le leggi che la governano, potremmo ritrovarci in mano qualcosa di potenzialmente pericoloso.

Per ottenere il massimo da questa forma di investimento è, infatti, necessaria la conoscenza di alcune nozioni di base dell'economia, che ci permetteranno di apprezzare ancora di più la validità del

PAC permettendoci di seguirlo attivamente, comprenderlo, e sfruttarlo al massimo delle potenzialità.

Come tutte le cose, anche il PAC nasce neutro. Infatti, di per sé non è né buono né cattivo, ma è l'utilizzo che di esso viene fatto a determinare la bontà di questa forma di risparmio. Non ci resta quindi che cominciare. La nostra trattazione avverrà per gradi: partiremo con la base teorica del PAC, per poi muoverci verso un uso più consapevole di tutte quelle che sono le sfumature che caratterizzano questo sistema di investimento. Mi preme sottolineare che ci sarà un po' di matematica da digerire, ho cercato di ridurla al minimo, ma per sfruttare al meglio queste pagine qualche conto dovremo farlo.

Auguro a tutti voi una buona lettura.

CAPITOLO 1:
Come fare una scelta d'interesse

Come molto spesso accade, sono le parole a fare la differenza. Lo scopo di questo primo capitolo è proprio quello di farvi comprendere la grande differenza che può fare una sola parola posta dopo *interesse*.

Tutti noi, abbiamo sentito parlare di *interessi*; il problema di fondo è che spesso e volentieri facciamo un po' di confusione al riguardo. Mi spiego meglio. Quando andiamo in banca, e magari sottoscriviamo un contratto di conto corrente o l'acquisto di alcuni titoli di Stato, la prima domanda che ci viene in mente è: «Ma quanto mi date di interesse?»

Quando si fa una richiesta di questo tipo, generalmente si parla di un *interesse semplice*. In matematica finanziaria la legge dell'interesse semplice è regolata da una formula di questo tipo:

$$M = C \cdot (1+ni)$$

Dove:

- **M** rappresenta il montante finale della nostra operazione;
- **C** è il nostro capitale iniziale;
- **n** è il tempo per il quale l'investimento viene mantenuto (per noi saranno anni);
- **i** è il nostro tasso d'interesse.

Quindi, quando depositiamo dei soldi in un conto deposito, oppure sottoscriviamo un titolo di Stato, come ad esempio un BOT a un anno, ci stiamo servendo di strumenti che adottano, in linea di massima, la legge dell'interesse semplice. Facciamo un esempio che ci aiuti a comprendere meglio le cose. Mettiamo il caso che possiate disporre oggi di un capitale **C** pari a 100.000 euro: per alcuni possono essere tanti, per altri possono essere pochi, questo per ora non è importante. Poniamo il caso che l'istituto cui ci siamo rivolti sia particolarmente virtuoso e generoso e ci offra, per i nostri 100.000 euro, un interesse annuo pari al 10% (buono non c'è che dire, però difficilmente reperibile nel mercato attuale). Questo significa che, al termine dell'anno, noi riavremo indietro i nostri 100.000 euro maggiorati del 10% e quindi riavremo indietro un totale di 110.000 euro che sarà il nostro montante **M**. In base alla nostra formula, **C** è uguale a 100.000 euro, **i** è uguale al 10%, ed **n** è uguale a **1**. Mettendo tutto insieme otteniamo che **M** è pari a 110.000 euro.

Per ipotesi supponiamo che con questi 10.000 euro di interessi maturati, decidiamo di farci quello che più ci piace, rimanendo così con gli iniziali 100.000 euro da dedicare ai nuovi investimenti. Parliamo di nuovo con il nostro operatore di banca che, nuovamente, ci rinnova la possibilità di investire i nostri 100.000 euro in un conto deposito ancora con l'interesse del 10%. Come prima, al termine dell'anno avremo nuovamente 110.000 euro .

Supponiamo adesso di voler ripetere la stessa operazione e di avere la possibilità di farlo per un totale di dieci anni. Alla fine di questi anni noi riavremo i nostri 100.000 euro, più altri 100.000 euro di interessi. Quindi nel periodo pari a 10 anni, potendo investire il nostro denaro al 10%, siamo riusciti a raddoppiare il nostro capitale. Scriviamolo con una formula e vediamo se i conti tornano. Abbiamo **C** uguale a 100.000 euro, **i** uguale al 10%, e **n** questa volta uguale a 10. Sostituiamo i numeri con le lettere: otteniamo proprio che il montante **M** al termine dei dieci anni è pari a 200.000 euro. Abbiamo realmente raddoppiato il nostro capitale iniziale nel giro di dieci anni semplicemente investendo i 100.000 euro al tasso del 10%. Se volete fare una prova con numeri differenti, vi accorgerete che la formula funziona indipendentemente dalla cifra e dal tasso di interesse così che, se vorrete avere una stima di quanto realmente un investimento potrà produrre in un determinato periodo di tempo, avrete a disposizione una formula valida.

In questo corso abbiamo utilizzato periodi di tempo annuali, ma vanno bene anche le frazioni di un anno, che devono però essere calibrate e questo va oltre i nostri scopi. Per questo, se vorrete approfondire l'argomento in esame, v'invito a fare delle ricerche per approfondire questo tema.

SEGRETO n. 1: il tasso di interesse è quell'elemento che ci consente di spostare avanti nel tempo il valore del nostro denaro oggi.

Prima di procedere oltre, è doveroso fare una precisazione: la formula dell'interesse semplice deve essere calcolata sempre mantenendo lo stesso capitale senza mai fare delle aggiunte. Questo perché altrimenti sconfiniamo in un altro territorio che è quello, per l'appunto, dell'*interesse composto*. Per aiutarvi nella comprensione di quanto esposto riguardo all'interesse semplice, eccovi un grafico:

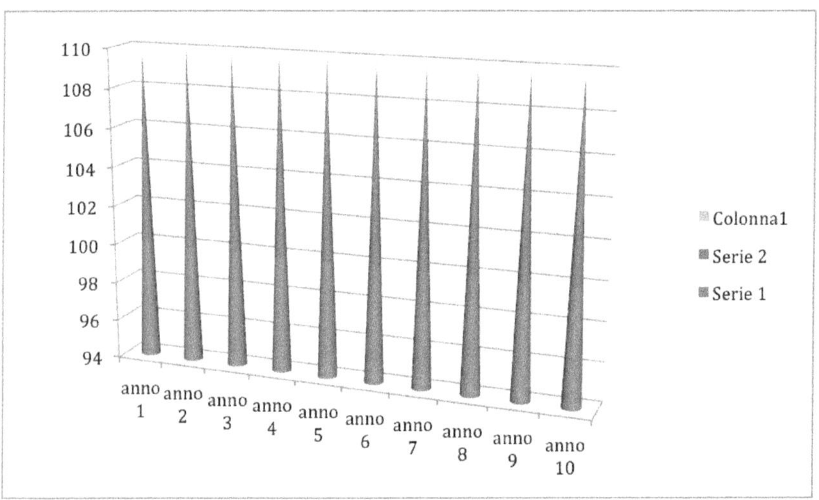

In blu è evidenziato il *capitale iniziale*, e in rosso l'interesse corrisposto: come potete notare, gli importi sono sempre gli stessi per ogni anno trascorso. La formula dell'interesse composto, invece, rispetto a quella dell'interesse semplice, risulta addirittura migliore. Infatti quella dell'interesse composto è la formula che vi consente di capitalizzare il vostro denaro. Con il termine *capitalizzazione* s'intende quella pratica che permette di maturare interessi sugli interessi. L'interesse composto costituirà la base teorica e materiale per la funzionalità del PAC. Riprendiamo l'esempio precedente: avevamo come dati di partenza un capitale iniziale **C** pari a 100.000 euro, un interesse **i** pari al 10% e un valore **n** in termini di durata, che per ora lasciamo da parte.

Dobbiamo cambiare un po' l'aspetto della formula; potrà sembrare solo un piccolo ritocco ma in termini di rendimento questo piccolo make-up farà una differenza incredibile. La formula dell'interesse composto è la seguente:

$$\mathbf{M = C \cdot (1+i)^{\wedge}n}$$

- **M** è sempre il nostro montante finale;
- **C** è sempre il nostro capitale iniziale;
- **i** è il nostro tasso d'interesse;
- **n** è il periodo della durata dell'investimento.

Come avete visto, gli ingredienti sono più o meno gli stessi e anche le posizioni di questi ingredienti sono più o meno le stesse. Non vi saranno sfuggite però, due cose importanti. La prima, è che c'è la presenza di un nuovo simbolo ^, che per i non addetti ai lavori sta a indicare l'elevamento potenza; la seconda è che **n** non sta più a moltiplicare il nostro tasso di interesse, bensì è l'esponente del nostro elevamento a potenza. Questo che cosa comporta in termini di rendimento?

Muoviamoci per gradi. Se ci venisse proposto di fare un investimento che dura un anno al tasso del 10%, non ci sarebbe alcuna differenza fra avere un investimento che si muove con la legge dell'interesse semplice, rispetto a quello che si muove con la legge dell'interesse composto.

Niente di sbalorditivo, perché se provaste a sostituire nelle due formule questi dati, che sono gli stessi, i numeri non cambierebbero, otterreste lo stesso risultato proprio perché è il periodo che determina il risultato: un anno contro un anno.

Qualcosa di diverso però, succede già dal secondo anno:

l'investimento con l'interesse semplice al termine del secondo anno produrrebbe un interesse totale pari a 20.000 euro. Quindi, potendolo riscattare, noi porteremo a casa 120.000 euro di totale fra capitale investito e capitale maturato. Se l'investimento fosse parametrato con la legge dell'interesse composto che cosa succederebbe? Abbiamo: **C** uguale a 100.000 euro, **i** uguale al 10% annuo e **n** uguale a 2. Sostituendo questi dati nella formula precedente otteniamo:

100.000·(1+10%)^2= 121.000 euro

Vista la differenza? Con la formula dell'interesse semplice avevamo a che fare con un introito di 20.000 euro totali in due anni, mentre qui, per il solo fatto di aver cambiato la formula per il calcolo del nostro interesse, ci siamo ritrovati con 1000 euro in più, mantenendo lo stesso periodo di esposizione.

Abbiamo visto che, utilizzando la formula dell'interesse semplice, non riuscivamo a raddoppiare il nostro capitale iniziale prima di dieci anni. Utilizzando invece la formula dell'interesse composto, ci accorgiamo che il raddoppio del capitale arriva prima. Infatti, bastano solo sette anni e qualche mese per giungere a questo traguardo. Non solo, al termine dei dieci anni (quindi paragonando le due formule sullo stesso arco di tempo) ci ritroviamo non con 200.000 euro, bensì con circa 260.000 euro (259.374,246 euro per la precisione), con un risultato netto di +59.000 euro e qualche spicciolo solo per aver cambiato alcuni parametri.

Come potete notare la differenza è palese e sensibile, perché a parità di orizzonte temporale, in dieci anni non solo raddoppiamo il nostro investimento iniziale ma abbiamo anche un extra rendimento di quasi il 60% in più del nostro capitale iniziale. Un grafico ci aiuterà a comprendere meglio:

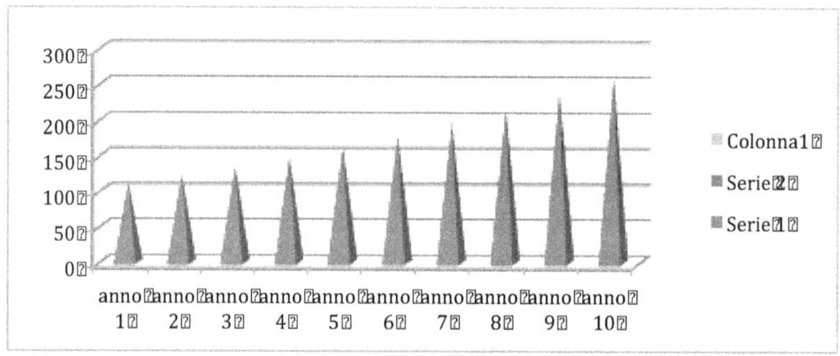

SEGRETO n. 2: per la sua formulazione matematica, l'interesse composto ci garantisce un'evoluzione di tipo esponenziale per i rendimenti dei nostri investimenti.

Per confrontare ancora meglio le dinamiche associate alle due leggi degli interessi, vi propongo un grafico di comparazione tra i due:

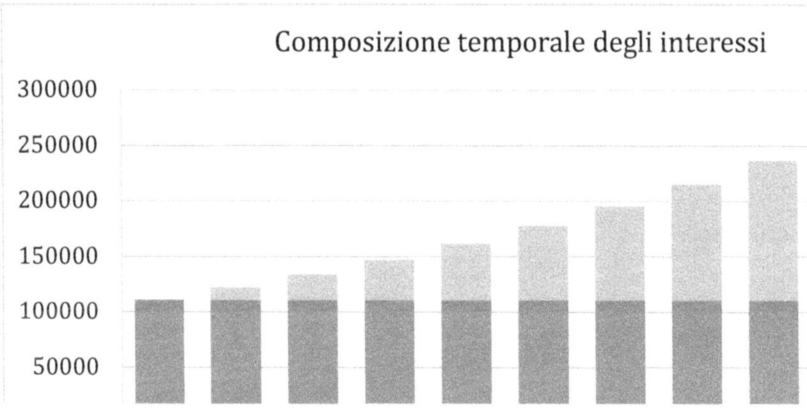

In blu c'è il nostro capitale iniziale, in rosso l'interesse prodotto dalla legge dell'interesse semplice e in verde quella dell'interesse composto. Lascio a voi i commenti del caso. Tutto questo, si è potuto ottenere semplicemente differenziando il momento in cui avremmo preso beneficio dai frutti che il nostro investimento ha prodotto. Infatti, come avete potuto constatare, è stato necessario esclusivamente non toccare il nostro investimento per il tempo prefissato. Questo sta a significare che, come detto in precedenza, non è necessario conoscere approfonditamente le leggi che governano la finanza, ma con piccoli e semplici accorgimenti, è possibile fare una notevole differenza, soprattutto per noi stessi.

SEGRETO n. 3: più aumenta il tempo di permanenza dell'investimento, più sostanziose e sostanziali saranno le differenze, in termini di rendimento, tra i risultati ottenibili con l'interesse semplice e quelli ottenibili con l'interesse composto.

Solo per dare qualche numero, mettiamo il caso di permanere per altri cinque anni in ciascuno dei due investimenti. Nel primo caso (quello con l'interesse semplice) dopo quindici anni porteremo a casa 150.000 euro in più rispetto al capitale investito (mi preme farvi notare, ma sono sicuro che ve ne sarete già accorti, che ancora non siamo arrivati ai livelli che l'interesse composto ci ha permesso di conseguire con soli dieci anni di permanenza). Nel secondo caso, so che è difficile da credere, i nostri 100.000 euro si sarebbero trasformati in più di 417.000 euro, per l'esattezza 417.724,82 euro. So che è sbalorditivo, ma la matematica non mente, questo è quello che realmente ognuno di voi, disponendo immediatamente di 100.000 euro, realizzerebbe investendoli per quindici anni al tasso del 10% annuo.

Maturando interessi sugli interessi, avrebbe più che quadruplicato il proprio denaro. Non c'è trucco e non c'è inganno. È solo una mera questione di consapevolezza. Non credo che molti di voi siano stati istruiti da chi cura i vostri interessi su queste opportunità; dategli una tiratina d'orecchie dicendo: «Perché non me l'hai detto prima?»

Quelli che per ora sono solo numeri potrebbero essere tranquillamente i nostri risparmi. Come vi sentite ora che avete visto che una strada esiste per arrivare a centrare i vostri obiettivi? Lo scopo di questo capitolo, come ho detto all'inizio, è capire il peso dell'importanza che si cela dietro a due parole: *semplice* e *composto*, e come il solo fatto di cambiare posizione a un numero possa determinare il passaggio da risultati buoni a risultati stratosferici. Le obiezioni che potreste muovermi a questo punto sono molteplici, come ad esempio: «Dove trovo un interesse del 10% annuo?», «Dove trovo 100.000 euro subito?», «E se avessi bisogno di quei soldi? Il tempo è troppo lungo».

Sono tutte obiezioni lecite e in alcuni casi anche vere, soprattutto per quel che riguarda la disponibilità immediata di capitale, ma più avanti in questo corso vi spiegherò che non sarà un problema nemmeno questo. Vi dimostrerò che non è necessario possedere immediatamente tutto il denaro, anche se inizialmente può fare comodo. Basta solo attenersi a poche e semplici regole, per ottenere risultati fino ad ora ritenuti impensabili.

Dunque, abbiamo visto che esistono due tipologie di interesse, quello semplice e quello composto e che l'interesse composto è notevolmente superiore, in termini di risultati, rispetto a quello semplice. La cosa fondamentale è sapere quanto vogliamo far lavorare i nostri soldi per noi, così da poter scegliere più obiettivamente l'una o l'altra strada. Il PAC è sicuramente lo strumento che sfrutta meglio le potenzialità dell'interesse composto.

RIEPILOGO DEL CAPITOLO 1:

- SEGRETO n. 1: Il tasso di interesse è quell'elemento che ci consente di spostare avanti nel tempo il valore del nostro denaro oggi.
- SEGRETO n. 2: Per la sua formulazione matematica, l'interesse composto ci garantisce un'evoluzione di tipo esponenziale dei rendimenti dei nostri investimenti.
- SEGRETO n. 3: Più aumenta il tempo di permanenza dell'investimento e più sostanziose e sostanziali saranno le differenze, in termini di rendimento, tra i risultati ottenibili con l'interesse semplice e quelli ottenibili con l'interesse composto.

CAPITOLO 2:
Come e perché funziona il PAC

Abbiamo concluso il primo capitolo prevedendo eventuali obiezioni in termini di dotazione di capitale. Sempre all'interno del capitolo, abbiamo ampiamente dimostrato la superiorità dell'interesse composto rispetto all'interesse semplice. Abbiamo anche visto come sarebbe bello veder crescere il nostro cospicuo gruzzolo a una velocità pazzesca e in modo esponenziale.

Tutto questo è possibile perché la vita non è lineare come l'interesse semplice, ma è esponenziale come l'interesse composto. Riflettete sulle mie parole e ditemi se la vostra vita si è mai svolta linearmente. Scommetto che a tutti è successo di arrancare in alcuni periodi, ma poi all'improvviso arriva un'impennata nei risultati e nei successi quotidiani che ci fa dimenticare tutto ciò che è successo prima. Vero?

Ritorniamo alle obiezioni: tante persone, vedendo l'esempio del capitolo precedente, potrebbero sbuffare dicendo «Chi ce li ha 100.000 euro da investire? Io che non possiedo questi soldi sono automaticamente tagliato fuori dal mondo degli investimenti?»

La risposta a questa domanda è: assolutamente no! Questa è solo una limitazione autoimposta, dovuta a scarsa informazione nell'ambito di investimenti in strumenti finanziari. Non ci resta, allora, che capire una cosa: se non si hanno i soldi, si deve avere tempo. È una delle leggi economiche che regolano il mondo degli affari. Se si hanno i soldi possiamo anche non avere tempo, ma non è consentito il contrario.

Molti di coloro che non hanno tempo e neanche soldi ricorrono troppo spesso a scorciatoie per arrivare ad averne: il gioco d'azzardo, la speranza di un'eredità, o cercare di sposare qualcuno che già possiede il denaro che ci interessa. Premesso che anch'io sono uno dei tanti italiani che giocano la schedina tutte le settimane, non affido interamente il mio destino economico al caso.

Allora guardiamoci in faccia: quanti di noi hanno vinto una cifra così cospicua al gioco da potersi ritirare dal mondo del lavoro anticipatamente? Non vedo molte mani alzate, anzi, non ne vedo proprio.

Quanti di noi hanno il famoso zio d'America, del quale non conoscevamo l'esistenza e che è diventato un magnate del petrolio o meglio ancora un genio della Silicon Valley? Domanda diversa, stesso risultato di prima.

Dell'ultima alternativa, non voglio neanche parlare, anche perché io sono un fermo sostenitore del detto per cui, in economia, non esistono pasti gratis, e quindi non si ottiene niente per niente. Nella terza ipotesi, credetemi, penso si debba scendere a più di un compromesso. Soprattutto con se stessi.

Detto questo, e tolte di mezzo le scorciatoie, non ci rimane che percorrere la strada fatta di tempo e consapevolezza. Il tempo, abbiamo già visto, è nostro amico. Per quel che riguarda la consapevolezza, se non disponete di denaro a sufficienza, dovete imparare a trattenerne un po' per volta. Sto dicendo che dovete imparare a non spendere tutto quello che entra nelle vostre tasche.

SEGRETO n. 4: il tempo è il nostro migliore alleato; differendo temporalmente la nostra soddisfazione in campo finanziario, otterremo risultati inimmaginabili.

La cosa un po' più complicata è decidere quale parte delle vostre entrate destinare agli investimenti. Troppo spesso mi è capitato di incontrare persone che sovrastimassero le loro capacità di risparmio. Troppo spesso ho visto persone imbarcarsi in missioni veramente impossibili, anche se più volte sconsigliate.

Qui c'è solo da fare un po' di conti e neanche troppo complicati. Se nelle vostre tasche entrano 2000 euro al mese non è pensabile dire: «Posso risparmiare anche 1000 o 1200 euro al mese». Perché sopravvivere con 1000 o addirittura 800 euro al mese quando si ha una famiglia cui pensare è dura, molto dura. Significa rinunciare agli svaghi, a una pizza una volta a settimana, significa anche rinunciare qualche volta a fare le vacanze e non è il massimo.

Quindi valutate bene la vostra capacità di risparmio, perché quello che state facendo, e cioè consumare di meno ora per consumare di più dopo, non dico che debba esser fatto a cuor leggero, ma perlomeno non dovrebbe essere frustrante o annichilente, perché se così fosse stiamo sbagliando sicuramente qualcosa. Una cosa che ci farà stare bene dopo, non ci può far stare male ora. In casi come questi in medicina si suole dire che: «La cura è peggio della malattia». Non deve assolutamente essere così.

È anche vero il discorso inverso. Ossia, se entrano in casa 2000 euro, risparmiarne 50 al mese e sperare di potersi comprare l'auto nuova dopo cinque anni, è davvero troppo pretenzioso, a meno che questa auto non si trovi negli scaffali di qualche negozio di giocattoli.

Generalmente, io suggerisco di considerare un fabbisogno medio per gli investimenti, quantificabile con il 10-15% delle entrate mensili. Riprendendo il caso dei 2000 euro al mese di entrate, risparmiare il 10-15% significa in concreto mettere da parte una somma tra i 200 e i 300 euro al mese, lasciandone per le spese di tutti i giorni da 1700 a 1800, tutti i mesi. Convenite con me che un approccio di questo tipo è già molto diverso.

SEGRETO n. 5: non bisogna mai sovrastimare o sottostimare la nostra capacità di risparmio; un risparmio mensile del 10-15% del totale delle nostre entrate è una percentuale più che buona.

Può sembrare difficile, inizialmente, una cosa di questo tipo, ma vi suggerisco, per prima cosa, di decidere qual è la cifra da destinare al vostro silos, così da evitare di poterla spendere. Per darvi una mano a non spenderla, vi consiglio anche di metterla da parte appena questi soldi arrivano in casa.

Appena ricevete i vostri compensi, fate affluire immediatamente la cifra che avete pensato nel vostro silos per gli obiettivi. Oggi per fortuna gli istituti finanziari e la tecnologia ci vengono incontro, perché possiamo, con una semplice firma, attivare degli automatismi che spostano immediatamente la cifra che decidiamo dove vogliamo. Questa forma di automatismo ci garantirà in pratica che ogni mese questi soldi siano immessi nel nostro silos.

È soprattutto una garanzia per noi stessi, perché potrebbe capitare di dimenticarcene. Rendendo questa cosa involontaria, quindi a livello inconscio, riusciamo a farla meglio. Le cose migliori si fanno a livello inconscio. Pensate un attimo a quando avete cominciato ad andare in bicicletta: vi ricordate quanto dovevate essere concentrati nella guida? L'equilibrio, i pedali, le curve, i freni, le ginocchia sbucciate. Adesso quando andiamo in bici, parliamo con chi ci sta accanto o parliamo al telefono con vivavoce o auricolare (mi raccomando) oppure andiamo senza mani e via dicendo.

L'esempio della bicicletta, come qualsiasi altra cosa, viene meglio quando è fatto a livello inconscio. Pensate anche ai grandi sportivi: non pensano alla sequenza dei movimenti che devono compiere, ma semplicemente si limitano ad agire a livello automatico. Per questo sono dei campioni. È ora di diventare dei campioni del risparmio. La vostra prossima mossa sarà attivare questa forma di automatismo per alimentare il vostro silos.

Adesso ritorniamo un attimo alla determinazione della cifra. Abbiamo detto di far conto su una media di 200/300 euro al mese. Per semplicità usiamo una via di mezzo: facciamo 250 euro al mese, che significano in fondo, nell'arco di un anno, qualcosa come 3000 euro di risparmi senza sforzo, solo per il semplice fatto di averli sottratti alle comuni spese quotidiane. Questa cifra può sembrare poco, ma pensate al fattore tempo e a questa cifra.

Se accantonaste ogni anno 3000 euro senza percepire alcun interesse, in cinque anni avreste risparmiato 15.000 euro, in dieci 30.000 e in venti 60.000 euro. È cambiato qualcosa adesso? Prendiamo come orizzonte temporale vent'anni: possono sembrare tanti, ma credetemi non lo sono anche in considerazione del fatto che, allo stato attuale delle cose, se vogliamo provare ad andare in pensione, dobbiamo lavorare almeno due volte tanto, ossia quaranta anni.

Come detto in precedenza, se risparmiaste almeno 3000 euro ogni anno, per vent'anni, senza interessi, avreste accantonato qualcosa come 60.000 euro. Adesso scendiamo un attimo nel dettaglio del nostro investimento: cominciamo a parlare finalmente del PAC.

Come nel caso degli interessi nel capitolo precedente, facciamo conto di poter disporre di investimenti che garantiscano il 10% annuo. Continuiamo per semplicità a considerare possibile una capacità di risparmio di 3000 euro l'anno che, come abbiamo visto, significa mettere da parte 250 euro al mese. Nella nostra trattazione non è importante valutare l'impatto né dei prelievi fiscali sui guadagni, né tantomeno valutare i costi di sottoscrizione dei vari prodotti d'investimento.

Questa è materia di altri corsi e, per i nostri scopi, non è poi così importante, anche se comunque è vero che queste due voci incidono sul risultato finale dei nostri investimenti; ma considerando la velocità e la facilità con cui questi due elementi variano nell'arco della nostra vita, la trattazione risulterebbe oltremodo complessa e poco significativa. Limitiamoci a prendere atto dell'esistenza di imperfezioni nel mercato dei capitali.

Facciamo un piccolo riepilogo: 3000 euro l'anno, per vent'anni a un tasso del 10%. Prendiamo il caso della legge dell'interesse composto e vediamo cosa succede. Il primo versamento sarà effettuato nell'anno che noi considereremo per semplicità l'anno zero, ossia **t=0**. Dopo un anno, utilizzando la formula numero due, avremo una cosa di questo tipo:

$$3000 \cdot (1.1)^1 = 3300 \text{ euro}$$

Nel primo caso conoscevamo già il risultato. Contestualmente lo stesso giorno che ci verranno conteggiati gli interessi, effettueremo il nostro secondo versamento quindi nel nostro silos non avremo 3300 euro, bensì 6300, che saranno la base per conteggiare gli interessi del secondo periodo. Vediamo:

$$6300 \cdot (1.1)^1 = 6930 \text{ euro}$$

Alt! Fermi tutti! C'è qualcosa che non torna. Perché l'esponente considerato è sempre uno? Perché non è due? Tranquilli è tutto a posto. Nel capitolo precedente, partivamo con una cifra che annualmente veniva incrementata dagli interessi e quindi era lecito cambiare l'esponente, perché il capitale rimaneva sempre costante. Adesso il capitale non è costante perché il nostro nuovo capitale è costituito ogni anno da una parte di nuovi versamenti e da una parte di vecchi versamenti più gli interessi maturati su questi versamenti, ognuno calcolato per il periodo di appartenenza. Mi spiego meglio. A questo risultato potevamo arrivare anche in un'altra maniera, la seguente:

3000·(1.1)^2 = 3630

alla quale si somma

3000·(1.1)^1 = 3300

Totale quindi pari a 6930: proprio la cifra che ci aspettavamo. Nel seguito della trattazione utilizzerò per ogni anno questa tipologia di calcolo cioè quella che prevede, distintamente per ogni versamento, l'interesse maturato nel corso del tempo. Chiaro il concetto?

Dunque, il giorno della corresponsione degli interessi io verserò nuovamente i miei 3000 euro che saranno la terza tranche, quindi il mio nuovo montante sarà proprio di 9930 euro. Quindi, che io decida di calcolarlo direttamente applicando l'interesse del 10%, o che decida di scomporlo in tre addendi, il risultato non cambierà. Infatti, nel terzo periodo avremo maturato un complessivo di 10.923 euro. Niente male vero? A fronte di un versamento complessivo di 9000 euro in tre periodi, ci ritroveremmo un montante totale di ben 10.923, quasi 2000 euro di più. Procediamo dunque, sino ad arrivare al quinto periodo, durante il quale abbiamo versato un totale di 15.000 euro e vediamo scritto nel nostro deposito: 20.146,83. Abbiamo in più 5146,83 euro, in soli sei anni. Se non avessimo previsto nessun interesse, adesso avremmo solo 15.000 euro; se avessimo optato per l'interesse semplice potevamo contare su 4500 euro in più rispetto a ciò che era stato versato. Notate, dunque, che con l'interesse composto abbiamo un differenziale positivo di 646,83 euro.

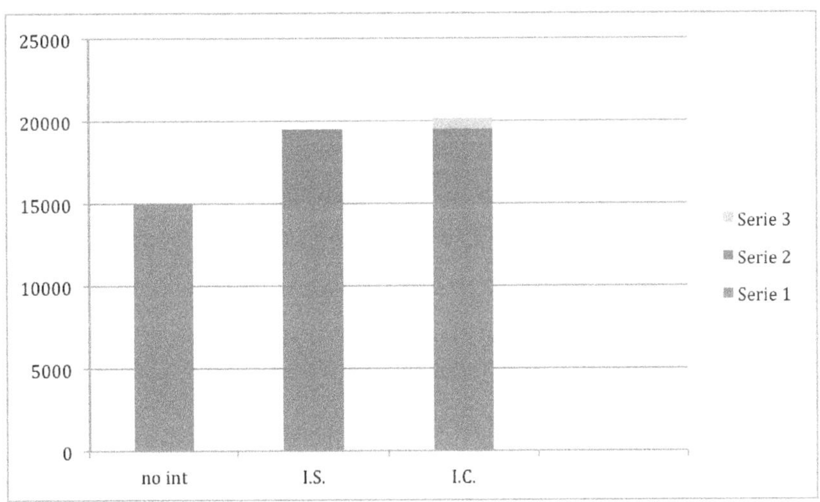

Proseguiamo il nostro cammino a tappe veloci: ormai avete ben compreso come funziona la dinamica del calcolo. Basta semplicemente fare una sorta di diagramma di flusso e, per ogni anno, conteggiare la sua permanenza.

Vediamo allora cosa succede quando arriviamo al decimo anno di permanenza nel nostro investimento. Come al solito, prendiamo in esame tutti e tre i casi possibili, quindi:

- caso senza interesse: 30.000 euro;
- caso con interesse semplice: 46.500 euro;
- caso con interesse composto: 52.593,50 euro.

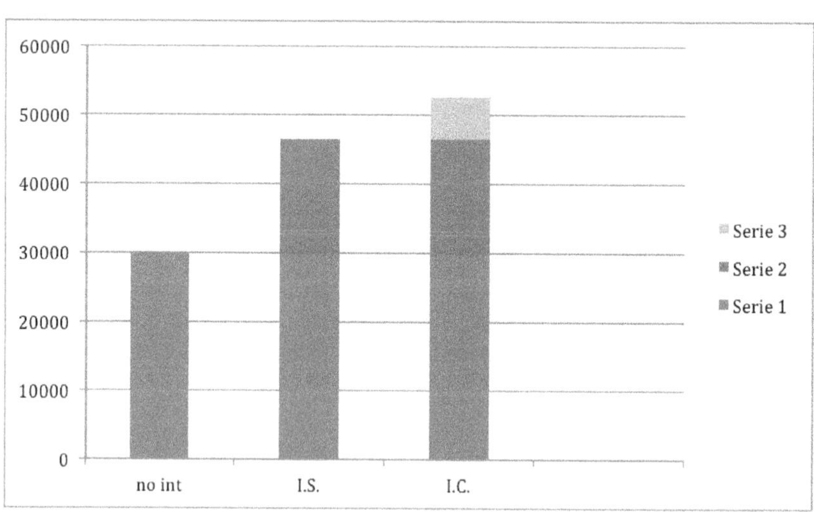

Vedete come diventa sempre più pronunciata la parte verde della capitalizzazione composta del nostro PAC? Notate anche che, utilizzando la formula dell'interesse composto, abbiamo ottenuto un risultato superiore di oltre 22.500 euro rispetto all'investimento senza interesse, e di ben oltre 6000 euro rispetto all'interesse semplice. Quindi, senza fare nulla, è come se avessimo versato due rate in più senza in realtà averle versate.

Continuando su questa scia arriviamo al quindicesimo anno e, rifacendo nuovamente la fotografia dei nostri investimenti, svolti in parallelo, ci accorgiamo che:

- caso senza interesse: 45.000 euro;
- caso con interesse semplice: 81.000 euro;
- caso con interesse composto: 118.634,11 euro.

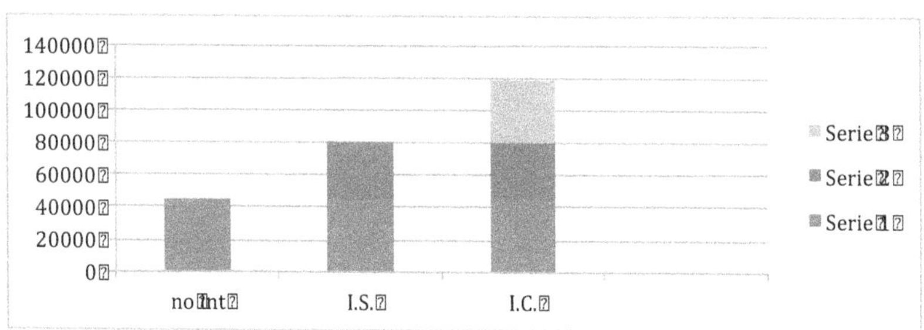

Come vedete, con il passare del tempo, la differenza fra le tre tipologie di investimento risulta essere sempre più evidente. La separazione è netta e, a riprova del fatto che l'interesse composto, associato a un piano di investimento frazionato qual è quello del PAC, è innegabilmente più efficace sia dell'interesse semplice sia di un accantonamento senza alcun interesse.

Arrivati dunque alla conclusione del nostro piano ventennale, avremo così versato complessivamente 60.000 euro (caso senza interesse) e, lasciando maturare anche l'ultima tranche per un anno, vediamo ancora di più la differenza tra queste due tipologie di investimento perché, nel caso dell'interesse semplice, saremo giunti a un totale complessivo (tra capitale versato e capitale maturato) di 123.000 euro.

Mentre il nostro investimento reale, il PAC, ci ha portato a un risultato finale, al termine del ventunesimo anno, di 189.007,50 euro, sempre a fronte di un investimento totale di 60.000 euro. La legge dell'interesse composto, associata al PAC, ci ha portato in vent'anni (ventuno se si considera la maturazione dell'ultimo periodo) a triplicare i nostri soldi.

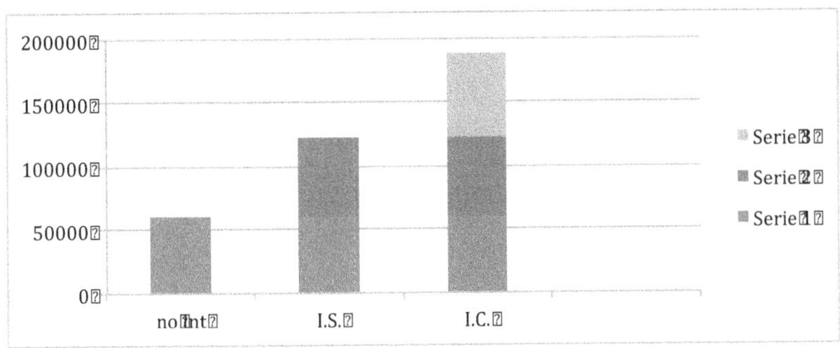

Vi ricordate quando vi ho detto che non era così importante possedere sin dall'inizio tutto il denaro che ci occorreva, ma che attraverso il semplice rispetto di una data prefissata e con la perseveranza e la costanza dei versamenti, saremmo comunque riusciti a tagliare un traguardo difficilmente pensabile all'inizio, quando non disponevamo neanche di 1.000 euro di risparmi?

Alla luce di tutto questo, è forse il caso di riflettere sul perché molti di voi non hanno ancora una cosa simile al proprio attivo. È vero che questi sono soltanto numeri scritti su un foglio di carta, ma se questi numeri diventassero realmente soldi, accantonati periodicamente in forma di investimento PAC, vi garantisco che sarebbero ancora cifre scritte su un pezzo di carta, ma questo pezzo di carta recherà il vostro nome e cognome, il vostro IBAN e l'indicazione dell'istituto nel quale questo denaro è depositato.

SEGRETO n. 6: prima si comincia, meglio è: il binomio PAC – interesse composto ci consente di guadagnare molto anche disponendo di piccole cifre.

All'inizio di questo capitolo, vi parlavo della possibilità di mantenere l'investimento per vent'anni e di quanto fosse difficile mantenere la *vision* del nostro progetto. Quello che v'invito a fare ora è riflettere sul fatto che, oggi come oggi, l'orizzonte temporale per la pensione è prossimo ai quaranta anni di lavoro. Quindi, anche se vent'anni sono lunghi, sono sempre la metà di quelli che dovremo lavorare per avere un assegno pensionistico, non sempre così soddisfacente.

Infatti, allo stato attuale delle cose, chi entra nel mondo del lavoro ora, o chi ci è entrato da pochi anni, deve entrare nell'ordine di idee che la propria carriera lavorativa, indipendentemente dal tipo di lavoro scelto, sarà lunga all'incirca quarant'anni. Adesso, per concludere, facciamo un ultimo passo avanti: proviamo a dire cosa succede al nostro PAC se lo manteniamo per tutto il periodo della nostra vita lavorativa, quindi per quaranta anni. Facciamo quindi due conti. So che molti di voi saranno stanchi di tutta questa matematica, ma quello che mi preme sottolineare, è che questa matematica non è casuale ma funzionale alla vostra causa, che è molto differente. Proviamo quindi a vedere che cosa succede se per quaranta anni versiamo 3000 euro l'anno nel nostro silos.

Al compimento del quarantesimo anno avremo versato un totale di 120.000 euro, ma il nostro PAC da 120.000 euro in quaranta anni, quanto ci avrà fatto guadagnare, sempre considerando di poter contare su un interesse del 10% annuo? Noi comunque siamo sempre fortunati e questo interesse ci viene mantenuto per tutto il periodo di permanenza, quindi, fatti due conti, arriviamo a una cifra di questo tipo: **1.460.555,45 euro**.

Non è un errore, avete visto bene! In quarant'anni di versamenti siete riusciti a portarvi a casa quasi un milione e mezzo di euro, lasciando semplicemente che i vostri soldi lavorassero per voi. Lo so che inizialmente è difficile anche solo immaginare un risultato di questo tipo, ma pensate come sarebbe la vostra vita nel momento del vostro ritiro dal lavoro. Quando magari vedrete intorno a voi persone che sono andate in pensione con qualcosa che neanche si avvicina minimamente al risultato che avete conseguito voi: in quel momento saprete che la vostra è stata la scelta giusta.

Oggi come oggi vediamo troppo spesso pensionati che faticano ad arrivare alla fine del mese. Magari inizialmente sono attratti dal miraggio di una vita di tutto riposo, ma purtroppo non hanno fatto bene i conti in precedenza, perché ormai sono molti anni che chi va in pensione non ha più il 100% dell'ultimo stipendio conseguito, ma una quota marginale, frazionale oserei dire.

La cosa brutta è che, purtroppo, sia per il sistema di calcolo della pensione, sia per l'abbassamento progressivo della percentuale di calcolo sull'ultimo stipendio, le cose potranno solo che peggiorare. Quindi, quello su cui vi chiedo di riflettere, prima di passare al riassunto del capitolo, è che se non avete ancora pensato alla vostra pensione non rimandate ancora, perché può non sembrare ma anche un solo anno conta, e molto.

Dico questo perché se provaste a svolgere tutti i conti relativi al piano che abbiamo visto, vi accorgereste che cambiare da quaranta a trentanove l'esponente dell'equazione dell'interesse composto, significa in termini monetari, passare da 1.460.555,45 a 1.324.777,68, che tradotto in termini di differenziale significa rinunciare per un solo anno a qualcosa come 135.777,77 euro, che magari avreste potuto usare per acquistare quell'appartamentino che vi avrebbe consentito di integrare la vostra pensione con un affitto mensile, anche di entità importante. Il fatto di avere aspettato un anno vi è costato più di 135.000 euro: potete davvero permettervelo?

Ora non vi sto dicendo di destinare tutte le vostre sostanze unicamente a un piano pensionistico, però vi dico che è importante metterci la testa, perché adesso può sembrarci lontano questo traguardo, ma se avrete fatto lo sforzo di pensarci sin da subito, non avrete alcun tipo di sorpresa quando andrete in pensione e soprattutto non sarete costretti a fare gli equilibristi per arrivare a fine mese, riuscendo anche a mantenere lo stile di vita che avevate sempre avuto nel corso della vostra esistenza.

Cominciate immediatamente a costruire un PAC e fate in modo che questo investimento sia caratterizzato dalla legge dell'interesse. Non importa decidere fin da subito di risparmiare grandi quantitativi di denaro, ciò che importa è cominciare adesso, anche con poco, con la promessa però che quella quota che accantonerete crescerà, nel tempo, con la misura della crescita delle vostre entrate. Il PAC non è incompatibile con la pensione.

RIEPILOGO DEL CAPITOLO 2:

- SEGRETO n. 4: Il tempo è il nostro migliore alleato, differendo temporalmente la nostra soddisfazione in campo finanziario, otterremo risultati inimmaginabili.
- SEGRETO n. 5: Non bisogna mai sovrastimare, o sottostimare, la nostra capacità di risparmio; un risparmio mensile del 10-15% del totale delle nostre entrate è un livello più che buono.
- SEGRETO n. 6: Prima si comincia, meglio è, il binomio PAC – interesse composto ci consente di guadagnare molto anche disponendo di piccole cifre.

CAPITOLO 3:
Come creare un PAC di sicuro successo

Nel capitolo precedente ci siamo lasciati con dei numeri da capogiro. Però guardiamoci in faccia: oggi come oggi qual è il tasso d'interesse medio cui viene remunerato un conto corrente o un conto deposito? Di sicuro siamo, purtroppo, molto lontani dal 10%. Conseguentemente anche il valore dei nostri investimenti subisce una riduzione in termini: proprio perché il tempo rimane costante, il gettito rimane costante, ma la base dell'interesse cambia le carte in tavola in senso sfavorevole. Allora dobbiamo apportare dei correttivi al nostro PAC affinché sia il più vicino possibile a questa quota di interessi e, in qualche caso, magari anche superiore.

Dato per assodato che allo stato attuale delle cose il nostro miglior alleato è il tempo, non mi resta che dimostrare una cosa che magari agli addetti del settore, o a chi mastica un po' di finanza, risulterà oltremodo palese (ma per chi è un po' digiuno di questi meccanismi può risultare qualcosa di un po' anomalo). Una verità incontrovertibile nel mondo dell'economia finanziaria è la superiorità, nel lungo periodo, delle azioni rispetto a tutte le altre forme di investimento.

In economia si è soliti dire che il lungo periodo coincide con il tempo in cui non ci saremo più. Che allegria! Senza giungere a estremi di questo tipo e rimanendo ancorati a quello che era il nostro orizzonte temporale iniziale, cioè vent'anni, vediamo che cosa succede se investiamo il nostro denaro in azioni piuttosto che in altri modi.

Nel capitolo precedente abbiamo parlato approfonditamente del sistema forse più potente al mondo di investimento, che è per l'appunto il PAC, ovvero il Piano di Accumulo di Capitale. Questo sistema, come abbiamo visto, permette di ottenere ottimi risultati. Il PAC non è altro che **l'investimento frazionato nel tempo di denaro in determinati strumenti**.

Nel capitolo precedente abbiamo considerato di risparmiare una media di 3000 euro l'anno, da dedicare ai nostri investimenti e di investirla proprio al tasso del 10%. Come avevamo accennato nel paragrafo precedente, oggi è praticamente impossibile trovare un tasso privo di rischio che sia anche solo vicino al 10%. Perché questa cosa è al momento impossibile, o meglio è possibile, ma non è un tasso privo di rischio. Dico questo perché nel mondo dell'obbligazionario, delle emissioni dei Paesi sovrani, possiamo trovare rendimenti anche superiori al 10% annuo, ma questo rendimento elevato porta con sé un rischio di fallimento altrettanto elevato.

Vi siete mai chiesti perché la Germania ha un tasso sul BUND a dieci anni inferiore al 2%? Mentre l'Italia, sulla stessa scadenza, presenta un rendimento prossimo al 6%, Spagna e Portogallo vicino al 10% e la Grecia addirittura oltre questa soglia? La risposta è semplice: perché la Germania ha una possibilità di fallimento, come Stato, *statisticamente improbabile*, mentre gli altri paesi in oggetto hanno una probabilità superiore.

Questo differenziale di rendimento, definito *spread* è una misura statistica della possibilità che uno Stato ha di essere in grado di ripagare debiti posti in essere.

Come in tutte le cose, anche la sicurezza si paga: se voglio un rendimento certo, investirò in Germania al tasso del 2%, certo del pagamento dell'interesse e della restituzione dei soldi; ma se investo in un paese periferico dell'area euro, devo essere pronto non solo a non ricevere gli interessi promessi, ma anche a non rivedere parte o tutti i soldi che ho investito.

Nel momento in cui sto scrivendo, la Grecia vive un momento drammatico da questo punto di vista e, se volete avere una misura della situazione di rischiosità associata a un paese o a un'azienda, vi invito a fare una ricerca sulle quotazioni dei cosiddetti CDS, Credit Default Swap, titoli scritti su aziende e Nazioni; se leggete bene, nessuno di questi titoli è a zero o tanto meno negativo.

Che cosa significa avere un titolo che quota negativamente? Semplicemente essere certi di rimettere dei soldi, che è come pagare per non giocare. Al corso di economia degli intermediari finanziari, il mio professore era solito fare questo esempio: «Se io e lei giocassimo a testa o croce con queste regole e cioè, indipendentemente dal fatto che esca testa o croce, lei perde 100 euro, e io le offro la possibilità di non giocare se mi dà 50 euro, lei cosa farebbe?» L'esempio è molto calzante. È preferibile non giocare ed essere certo di perdere 50 euro, piuttosto che perderne 100 ad ogni tentativo. Quindi, pago per non giocare. Lo stesso accade proprio nel caso di titoli con rendimento negativo.

SEGRETO n. 7: nella stragrande maggioranza dei casi, a un tasso di interesse alto corrisponde un livello di rischio altrettanto alto, ma tutto dipende dal nostro orizzonte temporale e dalla nostra propensione al rischio.

Anche nell'evenienza improbabile di riuscire a trovare qualcosa che vi garantisca un tasso privo di rischio del 10%, potrebbe essere molto complicato trovare qualcuno che lo mantenga inalterato per tutta la durata dell'investimento. Si pone allora un altro problema da risolvere e cioè, visto e considerato il momento, non solo risulta difficile fare previsioni a vent'anni sulla curva dei tassi dei rendimenti, ma risulta difficile farli da un mese all'altro e qualche volta anche da un giorno all'altro.

Prima di passare al nocciolo dell'argomento due raccomandazioni:

- affidatevi sempre a un professionista del risparmio, ma non affidategli ciecamente tutte le vostre sostanze, monitoratelo costantemente perché questo farà bene a lui e a voi;
- non mettete mai tutte le uova nello stesso paniere, cioè non investite tutto in una sola azione o in una sola obbligazione o in un solo titolo di Stato ed evitate anche un'eccessiva diversificazione. È vero che ci protegge dai bruschi ribassi, ma proprio per la sua eccessiva dispersività, quando è il momento di riprendere si muove molto più lentamente. Come in tutte le cose ci vuole equilibrio, una buona diversificazione ci sarà sicuramente di aiuto.

SEGRETO n. 8: tenete sempre a mente le strategie dei grandi maestri della finanza e ricordate sempre che alla base di tutto vi è una buona diversificazione.

Quindi, consigliatevi sempre con un professionista che vi offra una diversificazione efficiente, in termini di asset, di strumenti e di aree geografiche. Per i nostri obiettivi sono da considerare buoni strumenti i fondi comuni di investimento, le SICAV e gli ETF. Devo fare una doverosa precisazione: **quello che vi sto**

dicendo non costituisce minimamente sollecitazione all'investimento, sono solo semplici suggerimenti dettati dal buon senso e dall'esperienza. Verificate le mie parole con il vostro consulente di fiducia e fatevi dare un consiglio mirato: lui sicuramente saprà quello che è meglio per voi in base ai vostri obiettivi di rendimento, al vostro orizzonte temporale e, soprattutto, al grado di rischiosità che siete disposti a sostenere.

Se non volete rivolgervi a un consulente specializzato ma preferite il fai-da-te, allora vi suggerisco di incominciare a operare un'attenta analisi nei vari siti specializzati per queste tipologie di strumenti d'investimento così da poter effettuare una scelta consapevole e aumentare anche le vostre probabilità di successo.

Una volta scelto lo strumento, non resta che cominciare a investire proprio come abbiamo fatto nel capitolo precedente e cioè frazionando gli importi per la creazione del nostro PAC.

Una piccola parentesi economico-matematica sarà molto utile nel prosieguo della nostra trattazione. Tanti di voi avranno già sentito parlare del Dollar Cost Average (di seguito leggasi DCA), ma per molti sarà la prima volta. Chi lo conoscesse già può tranquillamente saltare questo piccolo paragrafo e procedere al prossimo capoverso. Per gli altri, seguitemi ancora un minuto.

Il DCA è alla base di un PAC di successo, ne è il vero e proprio fondamento. In modo semplice il DCA afferma che: nel lungo periodo, acquistando con lo stesso importo quote di uno strumento, a prezzi differenti, il prezzo medio che otterremo sarà sempre più vicino alla quota di acquisto più bassa. Questa è una versione del DCA, ce ne sono innumerevoli in letteratura però questa, così come è esposta, fa proprio al caso nostro.

SEGRETO n. 9: il Dollar Cost Average è quel principio economico che trasforma un generico PAC in un PAC di sicuro successo!

Nel capitolo precedente, quando esponevamo l'esempio dei versamenti periodici, avevamo a che fare con un interesse predefinito del 10%, adesso riformuliamo questo esempio considerando i versamenti da 3000 euro, ma questa volta li investiamo in qualcosa che non ci dia un interesse predeterminato, ma che ci consenta di acquistare quote di uno strumento a prezzi differenti nell'arco della sua vita.

Quindi, avremo a che fare con acquisti a prezzi a volte più alti e a volte più bassi di quello che è stato il nostro primo acquisto. Entriamo meglio nel meccanismo di funzionamento. Come succedeva nel caso precedente, effettuiamo il versamento nel nostro PAC, che è costituito questa volta da uno strumento finanziario che ha una propria quotazione. Il nostro primo acquisto avverrà a 10 euro per quota, il che significa che, avendo versato 3000 euro avremo acquistato 300 quote di questo strumento.

Primo acquisto: 3000:10 = 300 quote.

Nel periodo successivo, alla stessa data, versiamo nuovamente i 3000 euro nello stesso strumento e ci accorgiamo che la quota ha un valore inferiore rispetto al primo acquisto che abbiamo fatto, e cioè di 8 euro. A questa cifra, con i nostri 3000 euro, acquistiamo un numero di quote pari a:

Secondo acquisto: 3000:8 = 375 quote.

Adesso vi faccio due domande: quante quote ho acquistato? E a che prezzo le ho in carico? Non è un conto difficile, abbiamo versato un totale di 6000 euro e abbiamo acquistato un totale di 675 quote del nostro strumento. Per sapere a quale prezzo medio sono state acquistate le quote del nostro strumento, basta fare semplicemente:

Prezzo medio di acquisto = 6000:675 = 8,89 euro

Come potete notare, dunque, non sono né 10 né 8, è una via di mezzo e, se avete la pazienza di riprendere in mano la pagina precedente e di riguardare la definizione del DCA, vi accorgerete di come il prezzo medio di acquisto sia più vicino alla quota di acquisto più bassa, cioè 8 euro, proprio come ci attendevamo.

Andiamo avanti con il nostro PAC, e proviamo a complicarci un po' la vita analizzando una doppia situazione: poniamo il caso che il nostro terzo acquisto avvenga in un caso a 6 euro e in un altro a 9. Primo caso: con i nostri 3000 euro acquistiamo ora 500 quote a

6 euro; quindi quale sarà il nostro prezzo medio di acquisto? Esatto, circa 7,66 euro. Quindi tre acquisti, tre prezzi differenti, ma stesso importo corrisposto in ogni periodo. Riassumendo, abbiamo investito 9000 euro in uno strumento, a un prezzo medio di 7,66 euro.

Secondo caso: prendiamo sempre i nostri 3000 euro, ma questa volta investiti a 9 euro, otteniamo così altre 333,33 quote. A questo punto sapete come funziona il gioco, facciamo i nostri conti ottenendo un risultato di 8,93 euro, che è il nostro nuovo prezzo medio di acquisto.

Avete notato la differenza? Nel primo caso, lo strumento quotava 6 euro e il nostro prezzo medio di acquisto era 7,66 euro; se avessimo venduto in quel momento il nostro intero PAC, avremmo perso potenzialmente qualcosa come 1,66 euro per ogni quota posseduta.

Nel secondo caso invece, abbiamo un prezzo medio di acquisto di 8,93 euro, contro un valore per ogni singola quota di 9 euro, il che significa un guadagno potenziale per ogni quota posseduta di 7 centesimi di euro che, moltiplicata per il numero di quote possedute in quel momento, ci dà un guadagno potenziale di 70,58 euro.

Qualcuno di voi potrebbe dire: bella forza in tre anni neanche l'1% di guadagno! Qui però devo fare tre puntualizzazioni:

- qual era l'orizzonte temporale che ci eravamo dati? Esatto, almeno vent'anni o comunque un tempo sufficiente per avere una soddisfazione dal nostro investimento;
- se voi aveste investito 9000 euro tutti insieme al prezzo di 10 euro per quota, nel primo caso avreste perso potenzialmente 4 euro per ogni quota posseduta cioè 900 x 4 = 3600 euro. Quindi una perdita consolidata di 3600 euro, ottenendo una perdita del 40%. Anche nell'altro caso avremmo realizzato una performance non solo negativa, bensì peggiore, quantificabile in 900 x 1 = 900, cioè -10%. Tirando le somme, se avessimo investito immediatamente 9000 euro, avremmo avuto comunque dopo tre anni una performance negativa. Investendo invece in maniera frazionata, non solo non abbiamo perso, ma abbiamo anche guadagnato. Sono d'accordo con voi che 70 o 58 su 9000 non sono molti; infatti parliamo di un rendimento

più che stazionario di circa lo 0,78%; però, guardandolo alla luce delle performance negative appare notevolmente differente: non solo non abbiamo perso, ma stiamo anche guadagnando;

- vi siete accorti che per ottenere un risultato positivo non è stato necessario tornare al livello del primo acquisto? E tanto meno andare a un livello superiore? Perché, se avessimo investito tutto e subito, per come sono andate le cose, per andare in pari avremmo dovuto ritornare a quota 10 euro quella del primo acquisto. Per guadagnare avremmo dovuto stare come minimo un centesimo sopra la quota del primo acquisto. Il nostro PAC, al contrario, ci ha permesso di abbassare il prezzo di acquisto tanto da permetterci un risultato positivo anche senza ritornare sui primi livelli di acquisto. Riuscite adesso a comprendere un po' di più la forza di questo semplice sistema di approccio agli investimenti? Niente formule complicate, niente ingegneria finanziaria, solo costanza e attenzione.

Come mi capita spesso, a questo punto arriva la domanda: «E se invece di essere nel secondo caso fossimo nel primo?» Giusta osservazione. È appena il caso ricordare che il nostro PAC dura più di tre periodi. Allora non resta che procedere con i nostri versamenti. Versiamo anche la quarta tranche del nostro piano. Prendiamo nuovamente i nostri 3000 euro e vediamo che questa volta il nostro strumento ha un prezzo per quota pari a 10 euro, cioè siamo tornati al livello del primo acquisto.

Analizziamo per completezza tutte e due le situazioni.

- nel primo caso, aggiungeremo altre 300 quote a quelle già possedute per un totale di 1475 quote, a un prezzo medio di circa 8,14 euro;
- nel secondo caso, avremo acquistato un totale di 1308,33 quote, a un prezzo medio di 9.17 euro circa.

Abbiamo investito in tutte e due le circostanze 12.000 euro ma, come vedremo, i risultati sono notevolmente differenti. Per dimostrarvelo facciamo un parallelo.

Primo caso

12.000 euro investiti; 1475 quote acquistate; 8,14 euro il prezzo medio di acquisto.

Risultato totale: 1,86 euro in più per ogni quota detenuta che moltiplicato per il numero delle quote ci dà un risultato pari a 2743,5 euro in più.

Secondo caso

12.000 euro investiti; 1308,33 quote acquistate; 9,17 euro il prezzo medio di acquisto.

Risultato totale: 0,83 euro in più per ogni quota detenuta, che moltiplicato per il numero delle quote totali ci dà 1086,06 euro circa.

Come vi avevo preannunciato, abbiamo ottenuto due risultati palesemente differenti, eppure i soldi investiti erano gli stessi e lo strumento era lo stesso e anche i periodi di acquisto. L'unica differenza l'hanno fatta i prezzi ai quali noi, di volta in volta, acquistavamo il nostro strumento. L'elemento di forza di questa strategia di investimento, sono proprio le oscillazioni e, più queste oscillazioni sono importanti, più otterremo risultati.

Prendete il grafico sottostante. Come potete osservare, la linea blu e la linea rossa che corrispondono rispettivamente alle serie uno e due, rappresentano l'andamento del nostro esempio trattato. I punti evidenziati sono proprio le quotazioni del nostro esempio.

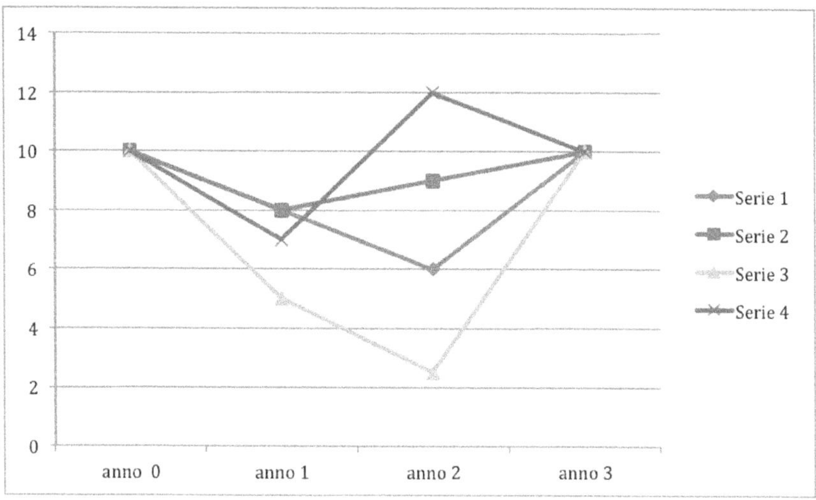

La serie tre e la serie quattro sono invece due esempi nuovi. Vi invito però ad analizzare e a verificare personalmente quali siano le differenze che presentano. Di proposito ho voluto far sì che il punto di arrivo e il punto di partenza dei nostri esperimenti fosse sempre lo stesso, per enfatizzare ancora di più il fatto che non abbiamo bisogno di performance eccezionali del nostro strumento, ma quello che ci deve importare è che lo strumento che prendiamo in considerazione, subisca delle forti oscillazioni. Vale la pena sottolineare che queste oscillazioni, per far sì che gli effetti siano ancora più evidenti, dovrebbero essere ampie e avvenire nei primi periodi di versamento.

Analizziamo la serie tre:

- 12.000 euro totale investito;
- 10 euro, 5 euro, 2,5 euro, 10 euro prezzi di acquisto;
- 2400 quote acquistate;
- 5 euro, il prezzo medio di acquisto.

Al termine dell'operazione abbiamo una plusvalenza di 5 euro per ogni quota detenuta, per un totale di 12.000 euro di positività. Avete capito bene: con questo andamento, in soli quattro periodi siamo riusciti a raddoppiare i soldi che abbiamo investito. Senza fare nulla di diverso da quello che abbiamo fatto negli esempi precedenti, ma semplicemente continuando ad acquistare questo strumento a prezzi notevolmente più bassi (toccando anche livelli di -75% rispetto al primo valore di acquisto passando da 10 a 2,5 euro) abbiamo ottenuto qualcosa di grandioso.

Quello che ha fatto la differenza in questo caso, è stato semplicemente non arrendersi e non farsi prendere dal panico. In questi momenti è molto importante avere a fianco un serio professionista, o una buona preparazione, che ci possa guidare e far riflettere sul grande sbaglio che potremmo commettere vendendo il nostro PAC perché convinti che i nostri investimenti non possono più riprendersi.

Valutiamo adesso la serie quattro. Ho volutamente previsto in questa serie, oscillazioni positive, per farvi comprendere che non è sempre una cosa buona avere una prevalenza di oscillazioni positive in un investimento di questo tipo. Andiamo per gradi:

- 12.000 euro di totale investito;
- 10 euro, 7 euro, 12 euro, 10 euro, prezzi di acquisto;
- 1278,57 quote acquistate;
- 9,39 euro prezzo medio di acquisto.

Alla fine di tutto ci ritroviamo: 0,61 euro in più per ogni quota acquistata per un totale di 779,93 euro di positività totale. La mia riflessione, e quella che suggerisco di fare anche a voi, è che in un PAC, come dicevo in precedenza, non è importante avere dei guadagni potenziali immediati, anzi! Il fatto che un acquisto fosse fatto a 12 euro ci ha limitato nella performance, facendoci abbassare notevolmente il numero di quote acquistate, con contestuale innalzamento del prezzo medio di acquisto.

È bene precisare, che non è un vero e proprio male il fatto che il nostro investimento sia salito molto nei primi periodi, ma lo può diventare se abbiamo un atteggiamento eccessivamente passivo nei riguardi dello stesso. Per approfondire e per chiarire meglio vi rimando all'ultimo capitolo di questo corso, in cui avrete la possibilità di conoscere gli ultimi segreti che è necessario svelare affinché questo investimento diventi l'investimento più soddisfacente e più gratificante che abbiate mai fatto.

SEGRETO n. 10: la caratteristica fondamentale di un PAC di successo è di essere costruito su strumenti che abbiano un buon grado di volatilità.

Scegliete accuratamente lo strumento che sarà la base del vostro piano di accumulo, fatevi consigliare da un esperto o se proprio non volete, perlomeno documentatevi approfonditamente sul panorama degli strumenti a disposizione nel mercato. Ricordatevi sempre il principio ispiratore del DCA e, quindi, non fatevi prendere dal panico se il vostro investimento subisce delle oscillazioni importanti, soprattutto se negative. Tenete sempre presente che un'oscillazione verso il basso di molti punti percentuali potrebbe rappresentare l'elemento distintivo fra avere un buon investimento e averne uno eccellente. Il PAC è meglio del PIC (Piano d'Investimento Cumulativo).

RIEPILOGO CAPITOLO N. 3:

- SEGRETO n. 7: Nella stragrande maggioranza dei casi, a un tasso di interesse alto corrisponde un livello di rischio altrettanto alto, ma tutto dipende dal nostro orizzonte temporale e dalla nostra propensione al rischio.
- SEGRETO n. 8: Tenete sempre a mente le strategie dei grandi maestri della finanza e ricordate sempre che alla base di tutto vi è una buona diversificazione.
- SEGRETO n. 9: Il Dollar Cost Average è quel principio economico che trasforma un generico PAC in un Piano di Accumulo di Quote di Strumenti Finanziari.
- SEGRETO n. 10: La caratteristica fondamentale di un PAC di successo è di essere costruito su strumenti che abbiano un buon grado di volatilità.

CAPITOLO 4:
Come aumentare la capacità di guadagno

Adesso è venuto il momento di mettere il turbo al nostro PAC. Siamo ora in grado di apportare quei correttivi alla nostra strategia, che ci consentiranno di aumentare notevolmente le capacità di guadagno. Adesso avete le capacità e le conoscenze necessarie per fare la differenza. Ora potete essere ancora di più padroni del vostro destino economico.

Nelle pagine precedenti abbiamo appreso come l'interesse composto sia la base di ogni investimento votato al successo, come il PAC. Abbiamo anche imparato a differire i consumi nel tempo, per ottenere una soddisfazione maggiore. Abbiamo altresì visto che, anche se non disponiamo di grandi capitali subito, non è un miraggio una grande ricchezza, a patto che siamo disposti a investire su noi stessi e soprattutto per noi stessi, cominciando il prima possibile per beneficiare maggiormente della nostra scelta. Infatti, investendo nei mercati finanziari ci si può difendere da fenomeni pericolosi, come l'inflazione.

Il DCA è stato un importante compagno di viaggio: grazie a lui abbiamo imparato che, nel lungo periodo, acquistando periodicamente con lo stesso importo quote di uno strumento che subisce delle oscillazioni di prezzo, possiamo abbassare il nostro prezzo di acquisto medio, rendendolo il più vicino possibile alla quota di acquisto più bassa, ma comunque sempre superiore.

Questo capitolo contiene al suo interno alcuni importanti suggerimenti che permettono di dare un'accelerata ai risultati del nostro PAQSF (ovvero il Piano di Accumulo di Quote di Strumenti Finanziari).

Attenti all'inflazione

Sappiamo già che l'inflazione è quel "fuocherello" che brucia potere d'acquisto. Sappiamo bene come generi alimentari acquistati oggi hanno un prezzo notevolmente superiore rispetto a quelli di 10 anni fa, anche se marca e prodotto sono sempre gli stessi. Misurando insomma in termini di denaro questa situazione so per certo che, da un anno all'altro, i miei soldi compreranno di meno a parità di beni acquistati.

Vi siete mai chiesti che cos'è il tasso d'interesse? Se oggi investo 100 euro per averne 105 fra un anno, significa proprio che fra un anno per comprare qualcosa che vale 100 oggi, dovrò sborsarne 105.

Il tasso di interesse è dunque quel fattore al quale devo capitalizzare i miei risparmi per spostarli avanti nel tempo. Più il periodo si allunga e più questo costo sale e quindi alla definizione del DCA è opportuno apportare alcuni correttivi. Infatti, quando si dice comprare con lo stesso quantitativo di denaro si dovrebbe aggiungere una piccola postilla che recita più o meno così: *attualizzato almeno all'inflazione corrente*.

Attualizzare significa essere in linea con le nuove condizioni di mercato, cioè: se l'anno scorso abbiamo investito 100 euro e quest'anno l'inflazione è al 4% significa che per comprare lo stesso quantitativo in denaro di strumenti finanziari dovrò tirar fuori almeno 104 euro.

Con questo semplice accorgimento, saremo tranquilli che investiremo realmente la stessa cifra in termini di potere di acquisto. Non solo: in base all'estensione del piano che abbiamo scelto, questa tecnica ci farà ridurre il tempo necessario al completamento del nostro piano, proprio perché aumenteremo gradatamente gli importi corrisposti.

Due precisazioni:

- vi suggerisco di capitalizzare anche l'inflazione, cioè se il primo anno avete versato, come nel nostro esempio, 3000 euro con un certo livello di inflazione e l'anno successivo l'inflazione è salita al 4%, voi non dovrete versare più i soliti 3000, bensì 3000 + 4% ovvero 3120 euro. Se l'anno ancora successivo l'inflazione dovesse assestarsi sul 3%, non farete altro che aggiungere a 3120 il 3% ottenendo così 3213,60 euro. Una buona notizia per voi è che oggi gli istituti sono già dotati di meccanismi che vi consentono di automatizzare anche l'adeguamento all'inflazione;
- aggiungete un extra per conto vostro al livello dell'inflazione; vi bastano 2-3 punti in più rispetto al livello normale. Anche qui gli istituti vi vengono incontro, perché già molti hanno previsto anche questo aspetto incrementativo per i vostri versamenti.

SEGRETO n. 11: l'inflazione può essere una buona amica se sai come trattarla; adeguiamo i nostri investimenti ai livelli di inflazione corrente e non dovremo temerla più.

Attenzione alla volatilità

Come abbiamo visto, nel lungo periodo, le oscillazioni sono quella cosa che fa la differenza fra un *buon* investimento e un *ottimo* investimento. È anche vero che se queste picchiate avvengono nei primi anni di vita del nostro PAC, ne trarremo un beneficio superiore in termini di risultato. Per ottenere però un vantaggio aggiuntivo, sarebbe ottimale poter investire qualcosa di più in questi periodi di ribasso eccessivo. Questo farebbe sì che realmente i nostri investimenti subiscano un'accelerazione bruciante.

Riprendete un attimo il grafico della terza serie: se vi ricordate è stato il caso che ci ha dato le maggiori soddisfazioni, proprio perché i ribassi erano avvenuti in maniera più pronunciata. Vediamo cosa sarebbe successo se in questa situazione (potete prendere in considerazione qualunque degli altri tre) invece di mantenere costante la nostra quota di investimento, l'avessimo aumentata. I prezzi della terza serie erano: 10, 5, 2.5, 10. Se noi avessimo investito diciamo un 50% in più (scegliete voi poi la percentuale più giusta) nei momenti di ribasso estremo, cioè a 5 e 2,5, le cose sarebbero andate così:

- 15.000, totale investito;
- 3300, quote acquistate;
- 4,55 il prezzo medio di acquisto.

Quindi, al termine di tutto, avremo una plusvalenza di 5,45 euro in più a quota, per un totale complessivo di più di 17.985 euro ottenendo così un +219,9% di positività sul totale. Abbiamo quindi un extra rendimento del 20% rispetto a quello che avevamo avuto in precedenza, semplicemente aumentando la quota investita nei momenti di maggiore calo.

Va sottolineato che anche in questa circostanza si possono attivare automatismi che prevedano di aumentare il quantitativo di denaro che viene investito quando il valore della quota del nostro strumento subisce oscillazioni importanti. Se mi posso permettere approfittate anche di questo.

SEGRETO n. 12: il PAC è uno strumento di risparmio dinamico, non rendiamolo passivo assecondando il mercato, ma sfruttiamone le potenzialità comprando quando tutti vendono.

Il PAC non è per sempre

Per spiegare questo concetto, proviamo a pensare al PAC come se fosse la nostra abitazione. La casa, come sanno bene tutti, necessita di lavori periodici che ne mantengano integra la struttura e che apportino dei correttivi nel caso in cui si manifestino dei problemi a una o più delle sue parti.

Come abbiamo già detto, perché il nostro PAC funzioni ha bisogno di tempo, ma nella sua vita deve essere manutenuto, cioè deve essere sottoposto a revisione periodica e, soprattutto, va modulato in base all'evoluzione degli scenari economici. Come nel caso precedente quando, se ci accorgevamo del vertiginoso calo del valore delle nostre quote, era opportuno acquistare un numero superiore di quote, allo stesso modo quando vediamo i prezzi che salgono molto, non è il caso di ridurre la cifra da investire ma è il caso di monitorare l'evoluzione del nostro PAC.

Mi spiego meglio. Se il nostro investimento corre lasciamolo correre, non lo disturbiamo minimamente. Teniamo sempre a mente però, che l'economia è ciclica e che quindi, come le cose vanno in alto possono andare in basso e viceversa. Se vediamo che dopo un periodo di grande rialzo il nostro investimento comincia a dare segni di cedimento, è il caso di apportare qualche modifica.

Non sto dicendo di prendere beneficio di tutto il nostro investimento, cioè del versato più il maturato, ma di mantenere la parte che è stata versata e prendere beneficio della parte che ha guadagnato.

Se abbiamo versato 8000 euro e abbiamo il PAC, oggi ne vale 10.000. I 2000 euro in più li disinvestiamo mettendoli nel nostro conto corrente e manteniamo gli 8000 euro iniziali. Questo va fatto con lo specifico intento di reinvestire i soldi guadagnati sempre nel nostro PAC e non di utilizzarli per fare qualcosa di non previsto, come se fossero soldi piovuti dal cielo. È una sorta di auto-alimentazione del PAC, che fa sì che il nostro piano prosegua, mettendoci nelle condizioni di non limare i nostri guadagni, bensì di utilizzarli per ottenere un profitto extra.

L'economia è ciclica, ed è anche fatta di strumenti finanziari e questi hanno un loro ciclo efficace e un loro ciclo vitale. Lasciando perdere il ciclo di vita degli strumenti, perché è argomento di altri scritti; parliamo del ciclo efficace degli strumenti finanziari. Principalmente nella nostra esistenza avremo a che fare con: azioni, obbligazioni, materie prime, beni immobili, derivati, valute e tutto quello che si può costruire mescolando assieme questi strumenti (ETF, fondi comuni d'investimento, SICAV ecc.).

Ognuno di questi strumenti ha periodi buoni e periodi cattivi. È difficile che quando le azioni sono al top lo siano anche le obbligazioni, e viceversa, e così anche per gli altri strumenti. Allora è opportuno analizzare anche questi aspetti dei nostri investimenti. È innegabile, come ho detto in precedenza, la superiorità delle azioni rispetto alle obbligazioni nel lungo periodo, però non è detto che le obbligazioni vadano sempre male o che le azioni vadano sempre bene.

Potrà capitare, e considerando la durata del nostro investimento capiterà sicuramente, che ci sia questa inversione di tendenza e che quindi siano più produttive le obbligazioni delle azioni.

Questa alternanza ci porta a dire che, anche se abbiamo fatto una scelta di campo magari dedicandoci esclusivamente a investimenti di tipo azionario, non è detto che non si possano apportare delle modifiche. Infatti, il nostro PAC può nascere azionario, diventare obbligazionario per ritornare azionario, passando per un periodo squisitamente monetario. Quello che non dobbiamo mai dimenticarci è che il nostro obiettivo è un risultato economico importante e non il mantenimento del PAC fino alla sua scadenza naturale.

Non dobbiamo mai dimenticarci che lo strumento sul quale è costruito il nostro PAC è il *mezzo* e non il *fine* del nostro investimento. Quindi, capiterà spesso di smontare e rimontare il tutto, per riassemblarlo in maniera più funzionale ai nostri scopi. Possiamo disinvestire tutto quello che avevamo in azioni, per proseguire il nostro cammino nel mondo delle materie prime (oro, argento, rame, petrolio, caffè, cotone ecc.) con la ferma convinzione, però, che non prenderemo beneficio del nostro investimento, fino a quando non avremo raggiunto l'obiettivo economico che ci siamo prefissati.

SEGRETO n. 13: divertitevi a personalizzare il vostro PAC come meglio credete, è un organismo vivente, e come tale vive solo se continua a crescere e a modificarsi.

Frazionare, frazionare, frazionare

Nei nostri esempi abbiamo sempre considerato che il versamento della rata avvenisse con cadenza annuale. Non è un modo sbagliato di operare, solo che si rischia di perdere importanti opportunità d'acquisto. Nel mondo delle azioni, soprattutto, la volatilità è all'ordine del giorno, quasi del minuto, e quindi agire in questo mercato con una cadenza molto lunga, qual è quella annuale, rischia di farci perdere la possibilità di acquistare i nostri strumenti a prezzi da saldi.

Se vi è capitato di vedere il grafico di un titolo o di un mercato azionario nell'arco di una giornata, troverete che i valori delle quotazioni talvolta oscillano in maniera veramente pazzesca. Si va qualche volta da un -3% a un +5% nell'arco di pochissime ore. Ora non vi sto dicendo di acquistare con una frequenza di minuti o di ore ma neanche di giorni, perché mi rendo conto che ci sarebbero dei costi associati all'operatività che ne sconsigliano la pratica.

Inoltre si necessiterebbe di un tempo praticamente infinito da dover dedicare al PAC e questo ci farebbe tornare a lavorare per i soldi, perdendo il vantaggio di farli lavorare per noi. Quello che sto cercando di dirvi è comunque che, per ottenere risultati ancora migliori rispetto a quelli che abbiamo visto in precedenza, dobbiamo cercare di frazionare il più possibile gli importi che versiamo nel nostro PAC.

Negli esempi versavamo 3000 euro l'anno. Se dividessimo questa cifra nell'arco dei dodici mesi, ci accorgeremmo che l'importo da corrispondere mensilmente sarebbe di soli 250 euro. Mi potreste dire: «Ma allora che differenza c'è tra versarli tutti in una volta e versarli una volta al mese? L'importo in fondo è sempre lo stesso!»

Questo è verissimo l'importo è realmente lo stesso, ma quello che cambia, come succedeva negli esempi precedenti, è il prezzo cui andremo ad acquistare di volta in volta i nostri strumenti.

Infatti le quotazioni possono cambiare di anno in anno, ma è ancora più plausibile che cambino di mese in mese. Queste variazioni ci consentirebbero di aumentare ancora di più il numero delle quote del nostro strumento riducendo notevolmente il prezzo medio d'acquisto. Facciamo nuovamente un esempio: seguite un attimo il grafico qui sotto.

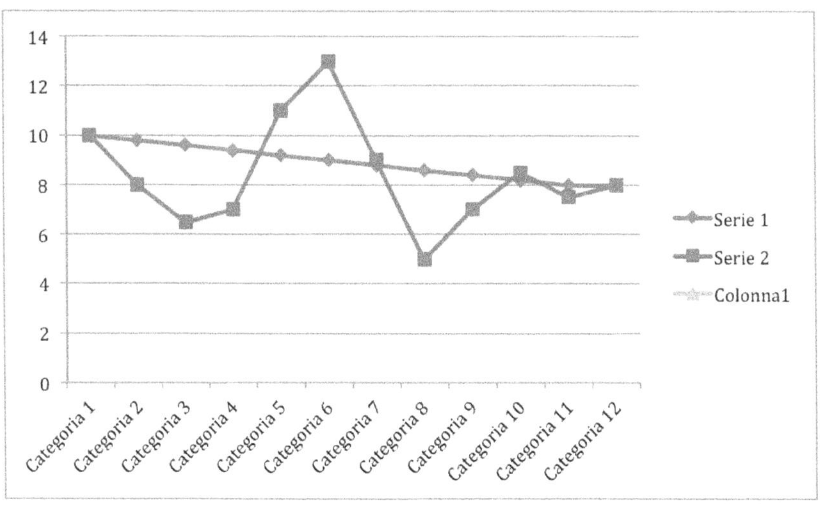

Come vedete, ho riportato in un anno l'andamento di quello che potrebbe essere un titolo che anche noi possiamo acquistare. Se ricordate, nel nostro esempio avevo ipotizzato che dal primo al secondo anno le quotazioni passassero da 10 a 8 euro.

Riconfermiamo il tutto. Ho introdotto volutamente, in questo nuovo esempio, oscillazioni sia in positivo che in negativo, facendovi vedere quello che realmente potrebbe succedere a un investimento. Nel caso in cui effettuassimo un unico acquisto da un anno all'altro, con il primo versamento di 3000 euro, acquisteremmo 300 quote a 10 euro. Frazionando invece questo importo in 12 rate da 250 euro ognuna e comprando a prezzi via via differenti, arriveremo a un risultato finale che ci porta ad avere un totale di circa 379,86 quote contro le 300 di prima.

In più, in questo caso, il prezzo medio di acquisto non è più 10 euro, bensì 7,90, quindi teoricamente avremmo già conseguito un risultato positivo solo ed esclusivamente frazionando ulteriormente il nostro investimento. Come ultimo consiglio, vi suggerisco di optare per un frazionamento suddiviso il più finemente possibile.

Oggi come oggi ci sono istituti all'avanguardia che prevedono il frazionamento dell'importo addirittura con cadenza di 15 giorni. Vi suggerisco caldamente di approfittare di questa eventualità perché come dicevo prima, più riusciamo a ripartire in maniera fitta il nostro investimento, più possiamo approfittare delle opportunità di acquisto che il mercato ci offre.

Notate anche che, effettuando i versamenti ogni 15 giorni, senza accorgercene verseremo una rata in più ogni anno. Perplessi? In un anno ci sono 12 mesi e quindi 52 settimane: dividendo per due otteniamo 26 periodi da 15 giorni e quindi, tirando le somme, otteniamo 13 periodi di 15 giorni cioè proprio 13 versamenti.

SEGRETO n. 14: la capitalizzazione più è frequente e meglio è. La migliore sarebbe quella giornaliera, ma senza arrivare a tanto, cercate di alimentare il vostro PAC il più frequentemente possibile.

Un'opportunità in più

Come abbiamo detto il PAC, può essere un valido strumento per chi non dispone di grandi capitali, ma è anche un ottimo strumento per chi già dispone di questi capitali. In questa seconda evenienza si possono avere due vantaggi: il primo è che il PAC ci permette un ingresso frazionato nei mercati a più alto rendimento; il secondo vantaggio è che, disponendo già di un capitale consistente, si può sfruttare il principio dei vasi comunicanti per creare un extra-rendimento per i nostri soldi.

Infatti, nel caso in cui sottoscrivessimo un PAC da 5000 euro all'anno disponendo già però di 50.000 euro, potremmo operare mettendo questi 50.000 in un investimento a capitale garantito e che corrisponda un buon interesse ogni anno. Questo perché, così facendo possiamo considerare questo denaro come un serbatoio dal quale poi attingere mese per mese per alimentare il nostro PAC.

Mi spiego meglio: se il giorno 01/01/xx versiamo 50.000 euro in un conto deposito (oppure in un ETF, o in un fondo monetario, o in un total return ecc.) che ci fornisce un interesse del 5% annuo, mensilmente faremo defluire da questo serbatoio la rata che servirà per il nostro PAC. Così potremo alimentare il nostro investimento ricavando un interesse ulteriore dovuto alla presenza del serbatoio. Per comodità non percorreremo la giacenza media giornaliera, perché l'approssimazione che facciamo, considerando il calcolo degli interessi solo alla fine dell'anno, è comunque buona.

Ricapitolando allo 01/01/xx abbiamo: 0 euro nel PAC e 50.000 euro nel serbatoio. Al 31/12/xx la situazione sarà la seguente: 5000 euro nel PAC (insieme a tutto quello che avrà eventualmente maturato) e 45.000 euro + 2250 euro di interessi nel serbatoio.

Come potete notare, in questo modo abbiamo la possibilità di alimentare, il prossimo anno, il nostro PAC per quasi sei mesi grazie agli interessi che sono maturati dall'aver messo i 50.000 euro nel serbatoio piuttosto che lasciarli in un conto corrente infruttifero.

Vedete come un piccolo accorgimento possa incrementare ancora di più le nostre opportunità di guadagno. Non mi stancherò mai di ripeterlo, fate lavorare i vostri soldi e loro vi ricompenseranno in maniera incredibile.

SEGRETO n. 15: fate lavorare il più possibile i vostri soldi al vostro posto, combinando fra loro varie strategie come quella dei vasi comunicanti.

RIEPILOGO CAPITOLO N. 4:

- SEGRETO n. 11: L'inflazione può essere una buona amica, se sai come trattarla; adeguiamo i nostri investimenti ai livelli di inflazione corrente e non dovremo temerla più.
- SEGRETO n. 12: Il PAC è uno strumento di risparmio dinamico, non rendiamolo passivo assecondando il mercato, ma sfruttiamone le potenzialità comprando quando tutti vendono.
- SEGRETO n. 13: Divertitevi a personalizzare il vostro PAC come meglio credete, è un organismo vivente, e come tale, vive solo se continua a crescere e a modificarsi.
- SEGRETO n. 14: La capitalizzazione più è frequente meglio è. La migliore sarebbe quella giornaliera, ma senza arrivare a tanto, cercate di alimentare il vostro PAC più frequentemente possibile.
- SEGRETO n. 15: Fate lavorare il più possibile i vostri soldi al vostro posto, combinando fra loro varie strategie come quella dei vasi comunicanti.

Conclusione

Come avete potuto capire dalle pagine precedenti, esiste la possibilità di ottenere molto con poco, perché l'elemento che fa la differenza nel nostro caso non è tanto la quantità di denaro disponibile immediatamente, ma la quantità di tempo che ognuno di noi può mettere a disposizione di se stesso, per conseguire un risultato economico soddisfacente, o quanto meno un consistente capitale per realizzare gli obiettivi prefissati.

In questo tipo di progetto finanziario i migliori amici che ci hanno accompagnato lungo tutto questo percorso, sono stati: la conoscenza, il budget, una semplice regola e il tempo. La conoscenza si è basata sostanzialmente sul comprendere la differenza fra interesse semplice e interesse composto, tra il PAC e le altre forme di investimento e nel comprendere la superiorità, nel lungo periodo, delle azioni e dei prodotti costruiti su di esse rispetto alle altre forme di investimento comprendendo fino in fondo il fatto che, nel breve periodo domina la volatilità, ma nel lungo periodo domina la media dei rendimenti.

Il budget è quella cosa che, non mi stancherò mai di ripetere, deve darvi la possibilità di investire con serenità senza crearvi altri stress dannosi. Per questo vi dico: fissate un budget mensile che non sia pesante per voi, ma che non sia neanche troppo leggero perché altrimenti, sappiamo bene che i risultati sono proporzionali allo sforzo.

La semplice regola, anche se banale, è quella di fare in modo, il più possibile, che i soldi lavorino per voi e soprattutto di farlo in maniera efficiente e ragionata, permettendovi di vivere bene oggi e di vivere meglio quando avrete in mano il necessario per acquistare i nostri sogni. Il tempo infine, è sicuramente il nostro migliore alleato, insieme con la manutenzione, per la riuscita del nostro PAC, perché abbiamo visto che più possiamo tenere investiti i nostri risparmi, più sicuramente le soddisfazioni saranno grandi.

Ricordatevi sempre però, che non possiamo fare tutto da soli e che quindi è sempre importante avere il parere di un esperto che ci possa aiutare nella scelta degli strumenti d'investimento e delle forme di risparmio più idonee e adatte al nostro caso.

Tenete sempre a mente che il PAC è il vostro e dovete averne cura, quindi affidatevi a un esperto ma sempre stando allerta. Curate i vostri risparmi, perché un giorno saranno loro a prendersi cura di voi. Prima di salutarvi colgo l'occasione per dirvi un ultimo segreto. Non credete ciecamente a quello che vi ho detto, ma verificate in prima persona attivando da oggi stesso il vostro PAC, perché molto spesso la migliore teoria è una buona pratica.

Nel ringraziarvi per avermi seguito fino a questo punto, non mi resta che salutarvi e darvi appuntamento al prossimo viaggio assieme, sperando che questa prima esperienza vi sia piaciuta e soprattutto, che non vi abbia annoiato. Salutandovi, auguro a tutti voi una serena e felice prosperità finanziaria.

www.ingramcontent.com/pod-product-compliance
Ingram Content Group UK Ltd.
Pitfield, Milton Keynes, MK11 3LW, UK
UKHW022013190726
13853UKWH00005B/1904

9 788861 745544